10 REGLES DU SUCCES
selon 40 millionnaires et milliardaires

Dallys-Tom Medali

www.milliardaire.org

10 règles du succès

selon 40 millionnaires et milliardaires

ISBN: 978-1-947838-15-4

Publication: Solara Editions

Couverture: Dallys-Tom Medali

++*+*+*+*+*

Ce petit livre vous est gracieusement offert.

La version électronique est gratuite.

La version papier coute juste les frais d'impression.

Le Téléchargement est libre. La Distribution, la Multiplication et l'Impression sont libres. Profitez-en!

Avant-propos

L'information ici offerte est un résumé de vidéos, d'interviews et de présentations effectuées par quarante personnes de haut calibre, de Bill Gates à Barack Obama en passant par Michael Jackson et Serena Williams.

Il s'agit ici des secrets respectifs de leurs nombreuses réussites et les leçons apprises de leurs échecs. Car il y a aussi des échecs sur la route qui mène au succès durable. Le tout a été résumé en un maximum de dix points par personne.

Liste alphabétique

50 CENT
BARACK OBAMA
BEYONCE KNOWLES
BILL GATES
BRUCE LEE
CHRIS GARDNER
DALLYS-TOM MEDALI
DENZEL WASHINGTON
ELON MUSK
EMINEM
EVAN CARMICHAEL
GORDON RAMSAY
HOWARD SCHULTZ
JACK MA
JAY Z
JEFF BEZOS
JK ROWLING
KAYNE WEST
KIYOSAKI
LARRY PAGE

MADONNA
MALCOLM GLADWELL
MARK CUBAN
MARK ZUCKERBERG
MICHAEL JACKSON
MUHAMMAD ALI
NAPOLEON HILL
OPRAH WINFREY
PHARRELL WILLIAMS
SAM WALTON
SERENA WILLIAMS
STEVE JOBS
STEVE WOZNIAK
TIM COOK
TIM FERRISS
TUPAC SHAKUR
WALT DISNEY
WARREN BUFFETT
WILL SMITH
YODA

OPRAH WINFREY (OWN)

1. Travaille sur toi-même!
2. Trouve ta passion!
3. Croit en ton rêve!
4. Détermine la meilleure étape suivante!
5. Saisit les opportunités!
6. Tolère les erreurs!
7. Travaille sans cesse!
8. N'abandonne jamais!
9. Reste humble!
10. Aide les autres!

BEYONCE KNOWLES (Artiste)

1. Crois en toi!
2. Vises les étoiles!
3. Sois créatif!
4. Trouves ton domaine de brillance!
5. Travailles dur!
6. Rivalises avec toi même!
7. Progresses continuellement!
8. N'oublie jamais tes objectifs!
9. Relèves toi chaque fois!
10. Vis de façon équilibrée!

BARACK OBAMA (Ancien Président)

1. Suis ta passion!
2. Mets toi au service de tes concitoyens!
3. Restes concentré(e) sur son but!
4. Fies-toi à un plan!
5. Gardes l'espoir!
6. Vas de l'avant!
7. Montes une équipe!
8. Ne cherche pas d'alibi!
9. Evites la complaisance!
10. Ris et souris!

TUPAC SHAKUR (Rappeur)

1. Sois honnête et direct!
2. Eduques-toi par tous les moyens!
3. Sois humble!
4. Partages ton abondance!
5. Améliores le monde!
6. Priorises les opportunités!
7. Prends l'initiative et agis!
8. Résous tes problèmes!
9. Tires des leçons des temps durs!
10. Brilles comme une étoile!

STEVE JOBS (Apple, Pixar)

1. Ne laisse pas tes circonstances te limiter !
2. Sois passionné(e) !
3. Sois fier(e) de tes designs !
4. Penses d'abord aux clients !
5. Ne vend aucun produit merdique !
6. Formes une excellente équipe !
7. Ne vise pas l'argent !
8. Penses différemment !
9. Focalises-toi !
10. La vie est fragile.

MARK ZUCKERBERG (Facebook)

1. On récolte ce qu'on sème avec son temps
2. Soyez réceptif aux feedbacks
3. Tolérez les erreurs
4. Recrutez uniquement les personnes pour qui vous accepteriez de travailler
5. Montez une excellente équipe
6. Contribuez à l'amélioration du monde
7. Apprenez auprès de ceux qui vous entourent
8. Offrez la meilleure expérience possible
9. Soyez passionné(e)
10. Chérissez les liens sociaux

JEFF BEZOS (Amazon)

1. Vivez sans regret
2. Suivez votre cœur
3. Investissez plus dans votre produit que dans son marketing
4. Choisissez un bon nom de société
5. Ayez des convictions
6. Soyez passionné(e)
7. Donnez la priorité à votre clientèle
8. Etablissez une bonne culture d'entreprise
9. Prenez des risques
10. Offrez des produits de qualité à bon prix

LARRY PAGE (Google)

1. Fixez-vous des objectifs ambitieux
2. Suivez vos rêves
3. Trouvez une excellente idée
4. Ne craignez pas l'échec
5. Embrassez les challenges
6. Organisez-vous
7. Priorisez le long terme
8. Pour vos produits, demandez-vous s'ils seront utilisés plus de deux fois par jour
9. Soyez flexibles et adaptez vous
10. Ne vous limitez pas

STEVE WOZNIAK (Apple)

1. Visez la perfection
2. Connaissez-vous vous-même
3. Fabriquez les produits que vous adorerez utiliser
4. Soyez un bon ami
5. Contribuez à l'amélioration du monde
6. Soyez créatif
7. Allez un niveau au-delà
8. Croyez en vous-même
9. Soyez joyeux et courtois
10. Rêvez ! Visualisez !

YODA (Caractère de Stars Wars)
1. La peur mène à la souffrance
2. N'essaie pas de faire, agis et fais très bien
3. Ecoute les autres
4. Soit confiant(e)
5. Soit patient(e)
6. Ne fais pas de suppositions
7. Prend les décisions difficiles
8. Combat le mal
9. Garde le calme

EMINEM (Rappeur)

1. N'abandonne jamais
2. Sache ce que tu désires
3. Soit déterminé
4. Identifie tes forces et talents
5. Trouve ton inspiration
6. Crois en toi-même
7. Apprend des autres
8. N'aie pas peur d'essayer
9. Accepte les inconvénients et les avantages
10. L'amour est plus important que tout

DENZEL WASHINGTON (Acteur)
1. Les rêves ont besoin d'objectifs mesurables
2. Concrétisez vos rêves
3. Soyez des agents de progrès
4. Ignorez les opinions d'autrui
5. Suivez votre intuition
6. Travaillez intensément
7. Partagez vos talents
8. Prenez des risques et avancez
9. Gardez ce qui est utile
10. Racontez de belles histoires

MUHAMMAD ALI (Boxeur)

1. Pensez différemment
2. Défiez les règles
3. Soyez confiants
4. Fiez-vous à votre plan
5. Visez haut
6. Soyez prêt(e) pour toutes les éventualités
7. Soyez fair-play
8. Soyez déterminé(e)
9. Ayez une longueur d'avance sur votre compétition
10. Soyez charismatique

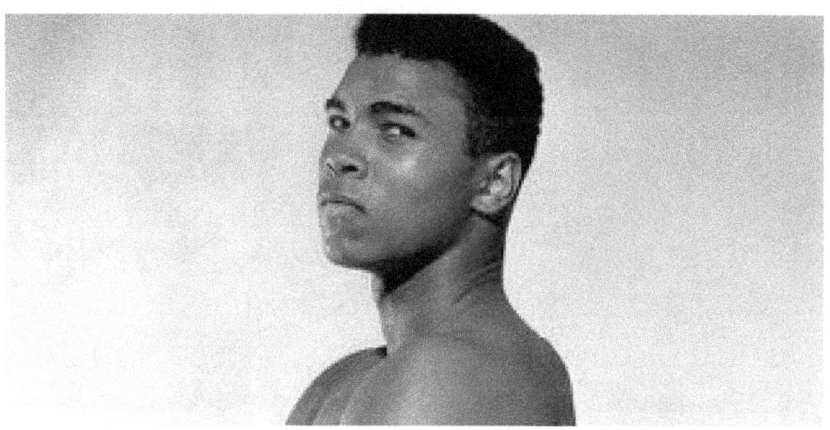

BRUCE LEE (Acteur et Expert en Arts Martiaux)
1. Profitez des opportunités disponibles!
2. Soyez confiant(e)!
3. Entrainez-vous sérieusement!
4. Créez votre art!
5. Soyez comme l'eau, flexible, sans forme!
6. Ne réfléchissez pas, ressentez!
7. Exprimez-vous!
8. Croyez en vous-même!
9. Soyez sans crainte!
10. Compétissez avec les meilleurs!

SAM WALTON (Walmart, Sam's Club)
1. Imitez les grands succès, étudiez-les !
2. Tenez vos promesses
3. Traitez les gens avec respect
4. Travaillez ensemble
5. Fondez votre entreprise sur vos employés
6. Prenez des risques
7. Soyez le meilleur des meilleurs
8. Fixez des objectifs
9. Ayez une vision
10. Entretenez d'excellentes relations

ELON MUSK (Paypal, Tesla, SpaceX, SolarCity)

1. La rigueur dans l'analyse de soi
2. La ténacité
3. Travailler comme un fou (>80h/semaine)
4. Aller aux racines des problèmes
5. Se préparer correctement
6. Avoir une forte tolérance à la douleur
7. Prioriser passion et dévotion sur l'intellect
8. Un PDG doit s'occuper des problèmes vitaux que personne ne peut ou ne veut adresser
9. Recruter et motiver l'excellence
10. Solliciter les feedbacks négatifs

MALCOM GLADWELL (Ecrivain)

1. Ayez le courage de concrétiser votre idée
2. Travaillez plus que tout le monde
3. Perfectionnez-vous !
4. Innovez
5. Faites ce qui est utile et significatif
6. N'hésitez pas à revisiter vos conclusions précédentes
7. Soyez patient(e)
8. Démarquez-vous des autres
9. Explorez, prenez des risques
10. Comprenez les règles du jeu

MICHAEL JACKSON (Artiste)

1. Ayez un but, une vision
2. Etudiez les légendes et dépassez-les
3. Soyez des innovateurs
4. Evaluez-vous honnêtement
5. Trouvez votre inspiration
6. L'intuition est plus importante que le savoir
7. Croyez en vous-même
8. Restez humble, courtois et serviable
9. Permettez à la musique de s'écrire et de prendre corps, sans faire obstacle
10. Soyez dévoué(e) à votre travail

JK ROWLING (Ecrivain, Harry Potter)

1. Les échecs vous permettent de vous connaitre
2. Croyez en vous
3. Osez concrétiser vos idées
4. Vous serez critiqué(e) mais persévérez !
5. Souvenez-vous de vos origines
6. On a toujours un peu peur au début
7. La vie n'est pas un checklist d'accomplissements

BILL GATES (Microsoft)
1. Soyez énergétique
2. Prenez des risques
3. Bossez dur
4. Inventez le futur
5. Savourez votre travail
6. Ayez le sens de l'humour
7. Les loisirs (jeux de cartes, etc) sont utiles
8. Demandez conseil
9. Choisissez bien vos employés
10. Ne procrastinez pas

TIM FERRISS (Investisseur, Educateur)

1. Utilises tes échecs à ton profit
2. Investis seulement dans les produits que tu comprends ou que tu utilises
3. Saches présenter tes idées après une préparation adéquate
4. Focalises-toi sur tes forces et talents
5. L'art de la communication est vital, saches vendre et te vendre
6. Sans exécution, les idées ne valent rien
7. Priorise les activités essentielles
8. Etudie tes achats et vos motivations
9. Espère le meilleur, prépare pour le pire
10. Tiens un journal

MADONNA (Artiste)
1. Contrôles ton ego
2. Evite les sentiers battus
3. Entoures-toi de personnes talentueuses
4. Soit un(e) rebel(le)
5. Concrétises tes rêves
6. La vie est comme un combat de boxe
7. Puises ton inspiration à diverses sources
8. Exprimes-toi
9. Apprécies ton labeur
10. Conquiert le monde

PHARRELL WILLIAMS (Artiste)
1. Nourris ta curiosité
2. Restes fidèle à ton instinct créatif
3. Soit unique
4. Agit, Just do it
5. Dans la vie, il y a des hauts et des bas
6. Aime ce que tu fais
7. Soit reconnaissant(e)
8. Soit ouvert(e) d'esprit
9. N'attend pas l'instant parfait
10. Toute chose a une importance

JAY Z (Rappeur)

1. Participes aux projets que tu aimes
2. Soit naturel
3. Trouves ton inspiration
4. Collabore avec d'autres personnes
5. La vie est une affaire d'équilibre
6. N'abandonne jamais
7. Soit dìffèrent
8. Crois en ton génie
9. Suis tes instincts
10. Soit un guide ou mentor pour d'autres

EVAN CARMICHAEL (Educateur)
1. Modifies ton environnement
2. Trouves ton mot préféré
3. Délivre plus de valeur
4. Soit unique
5. Suis tes instincts
6. C'est normal d'être nul au départ
7. Soit passionné
8. Emule les grands maitres
9. Influences ceux qui t'entourent
10. Crois en toi-même

WARREN BUFFETT (Investisseur légendaire)

1. Trouve ta passion
2. Ignore ce que pensent les autres
3. Recrute les personnes intelligentes, énergétiques et surtout intègres
4. Lit beaucoup
5. Planifie ton temps selon ta personnalité
6. Garde une marge de sécurité
7. Aie un avantage comparatif
8. Soit toujours compétitif
9. Emule les génies qui t'ont précédé
10. Aime de façon inconditionnelle

JACK MA (Alibaba, Taobao)

1. S'habituer aux rejets et aux critiques
2. Toujours garder ses rêves en vie
3. Se concentrer sur la culture qu'on bâtit
4. Se laisser inspirer
5. Etre passionné(e)
6. Savoir dire ''non''
7. Choisir un bon nom
8. Le client est roi
9. Ne pas se lamenter
10. Poursuivre les opportunités

TIM COOK (Apple)
1. Equipe, stratégie et exécution
2. Sois toi-même
3. Sois focalisé(e)
4. Aspire à la perfection
5. Ecris tes propres règles
6. Aimes ton travail
7. Ecoutes ton instinct
8. Ne laisse pas les pièges de la vie te distraire
9. Apprends des autres

HOWARD SCHULTZ (Starbucks)

1. Rêve grand
2. Aies du cœur, nous servons les humains
3. N'abandonne jamais
4. Modifies ton approche et ta philosophie
5. Apprends de tes erreurs
6. Ne gaspille pas tes ressources sur la pub
7. Prends soin de tes employés
8. Aies de fortes valeurs morales
9. Fais ce que tu aimes
10. Dépasses les attentes de tes clients
11. Lutte pour quelque chose d'important

KANYE WEST (Artiste)
1. Crois en toi-même
2. Ignore les mauvaises langues
3. Soit fantastique
4. Exprime-toi librement
5. Aide tes amis
6. Soit confiant et courageux
7. Donne une chance aux autres
8. Ne suit pas bêtement les règles
9. Soit ta propre personne
10. Fait ce que tu veux

50 CENT (Rappeur)

1. Soit ta propre personne, soit authentique
2. Crois en toi-même
3. N'aie pas honte de ton passé
4. Ne te concentre pas sur le fric
5. Toute chose arrive au moment opportun
6. Pense à l'héritage que tu laisseras
7. Fait ce que tu aimes
8. Ne crains rien
9. Aie de l'humour
10. Contribue à la communauté

WILL SMITH (Acteur)
1. N'écoute pas la voix négative intérieure
2. Prend un engagement ferme
3. Fait ton choix
4. Aspire à la grandeur
5. Vit au service de l'humanité
6. Travaille plus que tous
7. N'abandonne jamais
8. Développe tes compétences
9. Utilise ta peur pour t'auto-motiver
10. Soit fort(e) et résilient(e)

MARK CUBAN (Investisseur)
1. Le temps d'agir est maintenant
2. Soit passionné(e)
3. Veille et travaille toute la nuit
4. Ne cherche aucun alibi
5. Tire des leçons du passé
6. La compétition est une bonne chose
7. Connait tous les rouages de ton business
8. Soit honnête avec toi-même
9. Connait tes forces et de tes faiblesses
10. Soit unique et original

ROBERT **KIYOSAKI (investisseur et Educateur)**

1. La vie éduque beaucoup
2. Change ta façon de penser
3. L'épargne bancaire ne rapporte rien
4. Investit, acquiert des actifs
5. Plus tu donnes, plus tu reçois
6. Ne craint pas de perdre
7. Suit une méthode jusqu'aux résultats
8. Les temps difficiles sont sources d'opportunités
9. Monte ton affaire sur des bases solides
10. Protège tes investissements

CHRIS GARDNER (Investisseur)
1. Découvre et concrétise ta passion
2. Fait une bonne planification
3. Fait tous les sacrifices nécessaires
4. Priorise ta petite famille et tes proches
5. Soit excellent dans un domaine
6. L'honneur est plus important que la fortune
7. Motive continuellement ton équipe
8. Dans la bonne direction, même les petits pas sont importants
9. Commence maintenant et aujourd'hui
10. Soit flexible et embrasse le changement

GORDON RAMSAY (Chef Cuisinier)
1. Eduques-toi dans ta jeunesse
2. Travailles pour le savoir au lieu du salaire
3. Poursuis tes ambitions et tes rêves
4. Apprends le Français et d'autres langues
5. N'abandonnes jamais, sois confiant(e)
6. Fais très attention aux détails
7. Concentres-toi sur ta clientèle et grandis avec eux
8. Délègues à ton équipe
9. Aies de la passion
10. Amuses-toi de temps en temps

WALT DISNEY (Disney)
1. Investis dans le savoir et la connaissance
2. Impressionnes, montres un peu de magie
3. Diversifies tes produits et tes équipes
4. Clarifies tes objectifs
5. Essaies à petite échelle avant de réaliser
6. Expérimentes souvent
7. Sois créatif et rêve en tout temps
8. Aides ta communauté
9. Suis ton intuition
10. Aies un sens de l'humour

NAPOLEON HILL (Ecrivain et Educateur)
1. Définis clairement ton objectif principal
2. Aies des relations cordiales avec les autres
3. Conçoit, croit et réalise
4. Tu es ton propre facteur de limitation
5. Prend action
6. Cree quelque chose de nouveau
7. Améliores ta personnalité
8. Le succès se planifie
9. Reconnait et saisit les opportunités
10. Soit courageux

SERENA WILLIAMS (Championne de Tennis)
1. Travailles dur pour accomplir tes objectifs
2. N'abandonne jamais
3. Crois en toi-même
4. Améliores-toi continuellement
5. Entoures-toi de personnes positives
6. Procèdes étape par étape
7. Sois discipliné(e)
8. Gardes ton calme
9. Entraines-toi quotidiennement
10. Prépares-toi mentalement

DALLYS MEDALI (CPA, Investisseur, Ecrivain)

1. Clarifies tes objectifs et vise haut
2. Crois en Dieu et en tes propres capacités
3. Prends soin de ta santé (physique, mentale, spirituelle, financière, etc.)
4. Prends soin de ta famille
5. Eduques toi, lis et écoutes attentivement
6. Travailles intelligemment
7. Sois intègre et que tes valeurs te guident
8. Aides ton prochain
9. Contribues à ta communauté et à ton pays
10. Dis souvent ''Non'', ''Pardon'' et ''Merci''

Liste alphabétique

50 CENT	MADONNA
BARACK OBAMA	MALCOLM GLADWELL
BEYONCE KNOWLES	MARK CUBAN
BILL GATES	MARK ZUCKERBERG
BRUCE LEE	MICHAEL JACKSON
CHRIS GARDNER	MUHAMMAD ALI
DALLYS-TOM MEDALI	NAPOLEON HILL
DENZEL WASHINGTON	OPRAH WINFREY
ELON MUSK	PHARRELL WILLIAMS
EMINEM	SAM WALTON
EVAN CARMICHAEL	SERENA WILLIAMS
GORDON RAMSAY	STEVE JOBS
HOWARD SCHULTZ	STEVE WOZNIAK
JACK MA	TIM COOK
JAY Z	TIM FERRISS
JEFF BEZOS	TUPAC SHAKUR
JK ROWLING	WALT DISNEY
KAYNE WEST	WARREN BUFFETT
KIYOSAKI	WILL SMITH
LARRY PAGE	YODA

Du même auteur

Le Manuel du Milliardaire

ISBN 978-1-947838-14-7 (Hardcover)

ISBN 978-1-947838-00-0 (Paperback)

1000 Héros Africains

ISBN 978-1-947838-08-6 (Paperback)

Essais sur le Bénin

ISBN 978-1-947838-12-3 (Paperback)

Légendes Inédites d'Afrique

ISBN 978-1-947838-02-4 (Paperback)

Perles et Pensées

ISBN 978-1-947838-03-1 (Paperback)

Coming Back

ISBN 978-1-947838-04-8 (Paperback)

L'Evangile Pratique

ISBN 978-1-947838-05-5 (Paperback)

Belles Poésies de Cœur et de Corps

ISBN 978-1-947838-01-7 (Paperback)

Poisonous Snakes in the Republic of Benin

ISBN 978-1-947838-13-0 (Paperback)

1000 African Heroes

ISBN 978-1- 947838-09-3 (Paperback)

www.milliardaire.org

Pour découvrir les autres livres de l'auteur,

www.dallystom.com

www.milliardaire.org

www.heroafricain.com

*

*

Pour envoyer un message

dallystom@gmail.com

*

*

Les initiatives caritatives supportées

www.mercyships.org

www.benindufutur.org

www.solarforafrica.org

www.ingramcontent.com/pod-product-compliance
Lightning Source LLC
Chambersburg PA
CBHW022344040426
42449CB00006B/714